**차례**

★ 한자의 음, 뜻을 써 보세요.

소리야, 들려라!
들을 **청** 聽!

소리야, 들려라!

굳어라!
굳을 **고** 固!

굳어라!

캐내라!
캘 **채** 採!

캐내라!

솟아라!
벽 **벽** 壁!

솟아라!

나와라, 알!
알 **란** 卵!

나와라, 알!

꼭꼭 숨어라!

숨을 **은** 隱!

모습을 드러내라!

나타날 **현** 現!

꼭꼭 숨어라!

모습을 드러내라!

훨훨 날자!

날개 **익** 翼!

조용히 해!

묵묵할 **묵** 默!

훨훨 날자!

조용히 해!

꼬끼오!

닭 **계** 鷄!

꼬끼오!

한자능력검정시험급수 4급

聽

들을 청

'귀'를 나타내는 耳와 '곧은 마음'을 나타내는 悳과 음을 나타내는 '壬(정→청)'이 합하여 이루어진 글자로, '잘 듣다' 라는 뜻을 나타낸다.

耳부의 16획 총 22획

필순 聽聽聽聽聽聽聽聽聽聽聽聽聽聽聽聽聽聽聽聽聽聽

▶ 올바른 필순에 따라 써 보세요.

聽	一	丁	F	F	E	耳	耳	耳
들을 청								
耳	耳	耵	耵	耶	聇	聇	聇	聰
聰	聰	聽	聽	聽				

▶ 聽이 쓰인 낱말.

경청(敬聽) – 공경하는 마음으로 들음.

청력(聽力) – 소리를 듣는 능력.

• 다른 낱말 써 보기

▶ 聽이 쓰인 낱말을 써 보세요.

敬 聽	敬 聽	
경 청		
聽 力	聽 力	
청 력		

한자는 내게 맡겨!

소리야, 들려라! 들을 청 聽!

▶ 聽이 『마법천자문』의 어떤 장면에서 사용되었는지 기억해 보세요.

한자능력검정시험급수 4급	隱 숨을 은	'언덕'을 뜻하는 阝와 음을 나타내는 '㥯(온→은)'이 합하여 이루어진 글자로, '숨다, 가리다'라는 뜻을 나타낸다. 阝부의 14획 총 17획	
		필순 隱隱隱隱隱隱隱隱隱隱隱隱隱隱隱隱隱	

▶ 올바른 필순에 따라 써 보세요.

隱 숨을 은	ˊ	ˀ	阝	阝ˀ	阝ˁ	阝ˁ	阝ˁ	阝ˁ
	阝ˁ	陉	陉	隆	隆	隱	隱	隱

▶ 隱이 쓰인 낱말.

은퇴(隱退) – 사회 활동을 그만 둠.

은신(隱身) – 남의 눈을 피해 몸을 숨김.

• 다른 낱말 써 보기

▶ 隱이 쓰인 낱말을 써 보세요.

隱 退 은퇴	隱 退
隱 身 은신	隱 身

한자는 내게 맡겨!

꼭꼭 숨어라!
숨을 은 隱!

▶ 隱이 『마법천자문』의 어떤 장면에서 사용되었는지 기억해 보세요.

현(現)

한자능력검정시험급수 6급

'보다'는 뜻의 見과 '구슬'을 뜻하는 玉이 합하여 이루어진 글자로, 갈아서 빛이 난다는 데서 '나타나다'의 뜻을 가진다.

玉부의 7획 총 11획

나타날 **현** | 필순 現現現現現現現現現現現

▶ 올바른 필순에 따라 써 보세요.

現
나타날 현

▶ 現이 쓰인 낱말.

현금(現金) – 돈으로 쓰이는 지폐나 동전.
현지(現地) – 어떤 일이 일어난 바로 그 지역.

• 다른 낱말 써 보기

▶ 現이 쓰인 낱말을 써 보세요.

現金 현금

現地 현지

▶ 現이 『마법천자문』의 어떤 장면에서 사용되었는지 기억해 보세요.

한자능력검정시험급수 3급	默 묵묵할 묵	'개'를 나타내는 犬과 '움직임이 없는 상태'를 나타내는 黑이 합하여서 이루어진 글자로, '잠잠하다'는 뜻을 나타낸다. 黑부의 4획 총 16획	

필순 默默默默默默默默默默默默默默默默

▶ 올바른 필순에 따라 써 보세요.

默 묵묵할 묵	丶	冂	冊	罒	四	四	甲	里
	罣	黑	黑	黑	黑	默	默	默

▶ 默이 쓰인 낱말.

묵념(默念) – 눈을 감고 마음 속으로 생각하고 기림.

침묵(沈默) – 아무 말 없이 잠자코 있음.

• 다른 낱말 써 보기

▶ 默이 쓰인 낱말을 써 보세요.

默 念 묵 념	默 念
沈 默 침 묵	沈 默

▶ 默이 『마법천자문』의 어떤 장면에서 사용되었는지 기억해 보세요.

9권

엄마, 아빠와 함께 하는
한자 연습장

翼	'날개'를 나타내는 羽와 음을 나타내는 '異(이→익)'가 합하여 이루어진 글자로, '날개'의 뜻을 나타낸다.

羽부의 11획 총 17획

한자능력검정시험급수 3급

날개 **익**

필순 翼翼翼翼翼翼翼翼翼翼翼翼翼翼翼翼翼

▶ 올바른 필순에 따라 써 보세요.

翼	ㄱ	ㄱ	ㅋ	ㅋㄱ	ㅋㅋ	ㅋㅋ	ㅋㅋ	ㅋㅋ
날개 익								
ㅋㅋ	ㅋㅋ	畕	畕	翼	翼	翼	翼	翼

▶ 翼이 쓰인 낱말.

일익(一翼) − 한쪽 부분. 한 가지의 구실.

우익수(右翼手) − 야구에서 외야의 오른쪽을 지키는 선수.

• 다른 낱말 써 보기

▶ 翼이 쓰인 낱말을 써 보세요.

一 翼	一 翼	
일익		

右 翼 手	右 翼 手	
우익수		

▶ 翼이 『마법천자문』의 어떤 장면에서 사용되었는지 기억해 보세요.

한자능력검정시험급수 4급

採

캘 채

'손'을 나타내는 扌와 '손으로 나무 열매를 따다'의 뜻을 나타내는 采가 합하여 이루어진 글자로, 손으로 따거나 캐는 것을 나타낸다.

扌부의 8획 총 11획

필순 採採採採採採採採採採採

▶ 올바른 필순에 따라 써 보세요.

採	一	十	才	扌	扩	扩	扩
캘 채							
扨	採	採					

▶ 採가 쓰인 낱말.

채집(採集) – 무엇을 따거나 캐어 모음.

채광(採光) – 창 등으로 햇빛을 받아들이는 것.

• 다른 낱말 써 보기

▶ 採가 쓰인 낱말을 써 보세요.

採集	採集	
채 집		
採光	採光	
채 광		

한자는 내게 맡겨!

캐내라! 캘 채 採!

▶ 採가 『마법천자문』의 어떤 장면에서 사용되었는지 기억해 보세요.

<table>
<tr><td rowspan="2">한자능력검정시험급수 5급</td><td>固</td><td>'성곽'을 나타내는 □과 음을 나타내는 '古(고)'가 합하여 이루어진 글자로, '굳다'라는 뜻을 나타낸다.
□부의 5획 총 8획</td></tr>
<tr><td>굳을 고</td><td>필순 固固固固固固固固</td></tr>
</table>

▶ 올바른 필순에 따라 써 보세요.

固	丨	冂	冋	困	困	周	固	固
굳을 고								

▶ 固가 쓰인 낱말.

고수(固守) – 굳게 지킴. 단단히 지킴.

고정(固定) – 한곳에 자리잡아 움직이지 않음.

• 다른 낱말 써 보기

▶ 固가 쓰인 낱말을 써 보세요.

固守
고수

固定
고정

한자는 내게 맡겨!

굳어라! 굳을 고 固!

▶ 固가 『마법천자문』의 어떤 장면에서 사용되었는지 기억해 보세요.

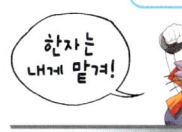
9권 엄마, 아빠와 함께 하는 한자 연습장

한자능력검정시험급수 4급

壁

벽 벽

음을 나타내는 '辟(벽)'과 '흙'을 나타내는 土가 합하여 이루어진 글자로, '벽'의 뜻을 나타낸다.

土부의 13획 총 16획

필순 壁 壁 壁 壁 壁 壁 壁 壁 壁 壁 壁 壁 壁 壁 壁 壁

▶ 올바른 필순에 따라 써 보세요.

壁	ㄱ	ㄱ	尸	尸	居	居	启
벽 벽							
启	启	启	启	启	辟	壁	壁

▶ 壁이 쓰인 낱말.

　　벽지(壁紙) – 벽에 바르는 종이.

　　벽화(壁畵) – 건물 등에 벽에 장식으로 그린 그림.

• 다른 낱말 써 보기

▶ 壁이 쓰인 낱말을 써 보세요.

壁 紙	壁 紙	
벽 지		
壁 畵	壁 畵	
벽 화		

한자는 내게 맡겨!

솟아라! 벽 **벽** 壁!

▶ 壁이 『마법천자문』의 어떤 장면에서 사용되었는지 기억해 보세요.

| 한자능력검정시험급수 4급 | 卵 | 곤충이나 물고기의 알주머니 두 개의 모양을 본뜬 글자.

卩부의 5획 총 7획 | |
| 알 란 | **필순** 卵 卵 卵 卵 卵 卵 卵 | | |

▶ 올바른 필순에 따라 써 보세요.

卵	´	L	E	丘	丘ㄱ	丘刁	卵
알 란							

▶ 卵이 쓰인 낱말.

　난생(卵生) - 동물이 알의 형태로 어미의 몸 밖에서 부화하는 것.
　난자(卵子) - 성숙한 여자의 몸 속에 있는 아기 씨.

• 다른 낱말 써 보기

▶ 卵이 쓰인 낱말을 써 보세요.

卵 生	卵 生	
난생		
卵 子	卵 子	
난자		

한자는 내게 맡겨!

나와라, 알!
알 란 卵!

▶ 卵이 『마법천자문』의 어떤 장면에서 사용되었는지 기억해 보세요.

9권
엄마, 아빠와 함께 하는
한자 연습장

| 한자능력검정시험급수 4급 | 鷄 닭 계 | '새'를 나타내는 鳥와 음을 나타내는 奚(해→계)가 합하여 이루어진 글자로, '닭'의 뜻을 나타낸다. 鳥부의 10획 총 21획 |  |

필순 鷄鷄鷄鷄鷄鷄鷄鷄鷄鷄鷄鷄鷄鷄鷄鷄鷄鷄鷄鷄鷄

▶ 올바른 필순에 따라 써 보세요.

鷄 닭 계								

▶ 鷄가 쓰인 낱말.

계란(鷄卵) – 닭의 알. 달걀.

군계일학(群鷄一鶴) – 닭 무리 가운데의 한 마리 학. 많은 사람 가운데서 특히 뛰어난 인물.

• 다른 낱말 써 보기

▶ 鷄가 쓰인 낱말을 써 보세요.

鷄 卵	鷄 卵	
계란		

群 鷄 一 鶴	群 鷄 一 鶴	
군 계 일 학		

한자는 내게 맡겨!

꼬끼오! 닭 **계** 鷄!

▶ 鷄가 『마법천자문』의 어떤 장면에서 사용되었는지 기억해 보세요.

★ 만화 속에 숨어 있는 한자를 찾아보세요.

1. 관계 있는 것끼리 이으세요.

- 음 -   - 한자 -   - 뜻 -

현 •   聽 •   캘

란 •   現 •   나타날

청 •   卵 •   들을

채 •   採 •   알

2. 한자와 음이 바르게 짝지어진 것을 골라 'O'표 해 보세요.

❶ 固, 고   固, 공

❷ 鷄, 계   鷄, 개

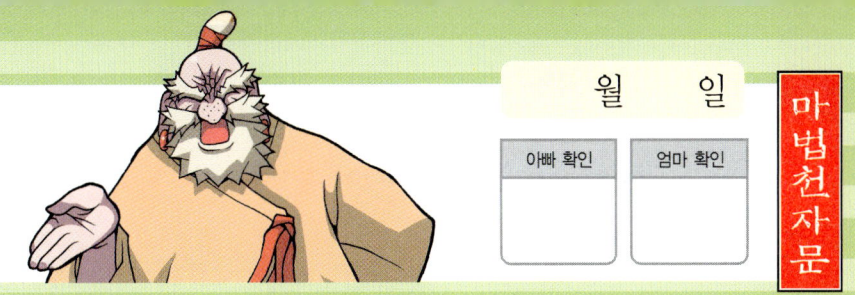

3. 빈 칸에 알맞은 한자, 뜻, 소리를 써 넣으세요.

聽 — 들을 — 청 — ◯ — 들을 — 청

隱 — 숨을 — 은 — ◯ — ◯ — 은

現 — 나타날 — 현 — 現 — 나타날 — ◯

默 — 묵묵할 — 묵 — ◯ — 묵묵할 — ◯

採 — 캘 — 채 — 採 — ◯ — 채

固 — 굳을 — 고 — 固 — ◯ — 고

壁 — 벽 — 벽 — 壁 — ◯ — 벽

卵 — 알 — 란 — ◯ — 알

★ 한자의 음, 뜻을 써 보세요.

앉을 자리!

누워라!

소 나와라!

풀려라!

서로를 이어 줘!

席	언덕(广) 밑에 깐 돗자리의 모습과 '수건'을 나타내는 巾이 합하여 이루어진 글자로, '자리'를 나타낸다.
자리 석	巾부의 7획 총 10획

한자능력검정시험급수 6급

자리 석 **필순** 席席席席席席席席席席

▶ 올바른 필순에 따라 써 보세요.

席		一	广	广	庐	庐	席
자리 석							
庐	席						

▶ 席이 쓰인 낱말.

방석(方席) – 앉을 때 깔고 앉는 작은 자리.

합석(合席) – 한 자리에 같이 앉음.

• 다른 낱말 써 보기

▶ 席이 쓰인 낱말을 써 보세요.

方	席	方	席	
	방 석			
合	席	合	席	
	합 석			

한자는 내게 맡겨!

앉을 자리! 자리 석 席!

저기 앉아서 입 다물고 구경이나 해!

▶ 席이 『마법천자문』의 어떤 장면에서 사용되었는지 기억해 보세요.

坐	'흙'을 나타내는 土와 두 사람을 나타내는 두 개의 人이 합하여 이루어진 글자로, '앉다'의 뜻을 나타낸다. 土부의 4획 총 7획
앉을 **좌**	**필순** 坐坐坐坐坐坐坐

한자능력검정시험급수 3급

▶ 올바른 필순에 따라 써 보세요.

坐	ノ	人	人／	人人	坐	坐	坐	
앉을 좌								

▶ 坐가 쓰인 낱말.

좌석(坐席) – 앉을 수 있게 마련한 자리.
정좌(正坐) – 몸가짐을 바르게 하고 앉음.

• 다른 낱말 써 보기

▶ 坐가 쓰인 낱말을 써 보세요.

坐 席	坐 席	
좌 석		
正 坐	正 坐	
정 좌		

한자는 내게 맡겨!

앉아라! 앉을 **좌** 坐!

▶ 坐가 『마법천자문』의 어떤 장면에서 사용되었는지 기억해 보세요.

한자능력검정시험급수 6급	信 믿을 신	'사람'을 나타내는 人과 '말'을 나타내는 言이 합하여 이루어진 글자로, '믿다, 진실되다' 라는 뜻을 나타낸다. 人부의 7획 총 9획 **필순** 信信信信信信信信信

▶ 올바른 필순에 따라 써 보세요.

信 믿을 신	ノ	亻	亻	信	信	信	信
信							

▶ 信이 쓰인 낱말.

　신용(信用) – 약속이 지켜질 것을 믿음.

　확신(確信) – 확실하게 믿음.

• 다른 낱말 써 보기

▶ 信이 쓰인 낱말을 써 보세요.

信 用 신용	信 用	
確 信 확신	確 信	

한자는 내게 맡겨!

믿는 마음! 믿을 신 信!

▶ 信이 『**마법천자문**』의 어떤 장면에서 사용되었는지 기억해 보세요.

한자능력검정시험급수 4급

起

일어날 **기**

음을 나타내는 己(기)와 '몸을 움직이다, 달리다'의 뜻을 나타내는 走가 합하여 이루어진 글자로, '일어나다'의 뜻을 나타낸다.

走부의 3획 총 10획

필순 起起起起起起起起起起

▶ 올바른 필순에 따라 써 보세요.

起
일어날 기

起	一	十	土	𡳳	𧺆	走	走	起
起	起							

▶ 起가 쓰인 낱말.

기립(起立) – 자리에서 일어섬.

기상(起床) – 잠자리에서 일어남.

• 다른 낱말 써 보기

▶ 起가 쓰인 낱말을 써 보세요.

起 立	起 立
기 립	

起 床	起 床
기 상	

벌떡 일어나라!
일어날 **기** 起!

한자는 내게 맡겨!

▶ 起가『**마법천자문**』의 어떤 장면에서 사용되었는지 기억해 보세요.

한자능력검정시험급수 6급	太	'크다'는 뜻의 '大(대→태)'와 같은 모양을 겹친 부호를 뜻하는 二가 합하여 이루어진 글자로, '크다'의 뜻을 나타낸다.
		大부의 1획 총 4획
	클 태	필순 太 大 大 太

▶ 올바른 필순에 따라 써 보세요.

太	一	ナ	大	太				
클 태								

▶ 太가 쓰인 낱말.

태양(太陽) – 태양계의 중심이 되는 항성.

태고(太古) – 아주 오랜 옛날.

• 다른 낱말 써 보기

▶ 太가 쓰인 낱말을 써 보세요.

太 陽	太 陽	
태양		

太 古	太 古	
태고		

한자는 내게 맡겨!

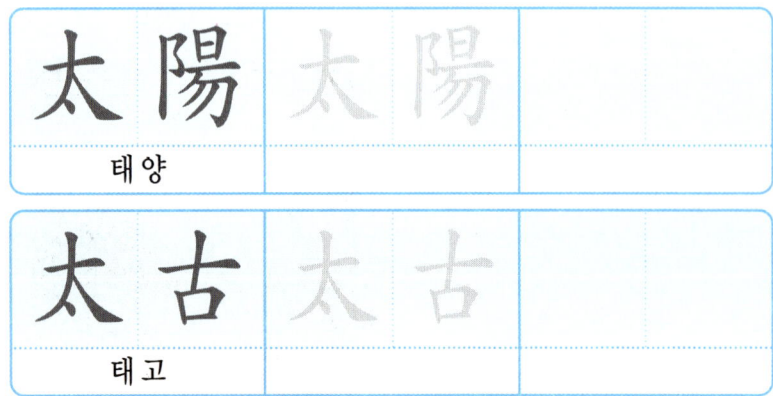더욱 커져라! 클 태 太!

▶ 太가 『마법천자문』의 어떤 장면에서 사용되었는지 기억해 보세요.

한자능력검정시험급수 3급

엄마, 아빠와 함께 하는 한자 연습장

臥

누울 **와**

'사람'을 나타내는 人과 '아래로 향한 눈'을 나타내는 臣이 합쳐진 글자로, '눕다'의 뜻을 나타낸다.

臣부의 2획 총 8획

필순 臥 臥 臥 臥 臥 臥 臥 臥

▶ 올바른 필순에 따라 써 보세요.

臥	一	丁	五	五	五	臣	臥	臥

누울 와

▶ 臥가 쓰인 낱말.

와병(臥病) – 병으로 누워 있음.

와룡(臥龍) – 누워 있는 용. '때를 기다리는 영웅'을 이름.

• 다른 낱말 써 보기

▶ 臥가 쓰인 낱말을 써 보세요.

臥病	臥病	

와병

臥龍	臥龍	

와룡

한자는 내게 맡겨!

누워라! 누울 와 臥!

▶ 臥가 『마법천자문』의 어떤 장면에서 사용되었는지 기억해 보세요.

한자능력검정시험급수 5급

鐵

쇠 **철**

'금속'을 나타내는 金과 음을 나타내면서 '검붉다'는 뜻을 가진 戴(철)이 합하여 이루어진 글자로, 검붉은 '쇠'를 나타낸다.

金부의 13획 총 21획

필순 鐵鐵鐵鐵鐵鐵鐵鐵鐵鐵鐵鐵鐵鐵鐵鐵鐵鐵鐵鐵鐵

▶ 올바른 필순에 따라 써 보세요.

鐵	ノ	ノ	人	ᅩ	仁	午	牟	余	金
쇠 철	金	釒	鈝	針	鈝	鋕	鍏	鋕	鋕
	鋕	鐵	鐵	鐵					

▶ 鐵이 쓰인 낱말.

철도(鐵道) – 기차가 다닐 수 있게 만든 철길.

철창(鐵窓) – 쇠로 창살을 만든 창문.

• 다른 낱말 써 보기

▶ 鐵이 쓰인 낱말을 써 보세요.

鐵	道	鐵	道	
철도				
鐵	窓	鐵	窓	
철창				

▶ 鐵이 『마법천자문』의 어떤 장면에서 사용되었는지 기억해 보세요.

26

解
풀 해

칼로 소를 찢어 가른다는 뜻에서 '해체하다, 풀다'의 뜻을 나타낸다.

角부의 6획 총 13획

한자능력검정시험급수 4급

필순 解解解解解解解解解解解解解

▶ 올바른 필순에 따라 써 보세요.

解 풀 해	ク	ケ	产	角	角	角	角
解	解	解	解	解			

▶ 解가 쓰인 낱말.

해결(解決) – 얽힌 일을 풀어서 처리함.

해답(解答) – 문제에 대한 답.

• 다른 낱말 써 보기

▶ 解가 쓰인 낱말을 써 보세요.

解	決	解	決	
해 결				

解	答	解	答	
해 답				

한자는 내게 맡겨!

풀려라! 풀 해 解!

解

▶ 解가 『마법천자문』의 어떤 장면에서 사용되었는지 기억해 보세요.

한자능력검정시험급수 6급

通

통할 **통**

음을 나타내는 甬(용)과 '길'을 나타내는 辶이 합하여 이루어진 글자로, '통하다'는 뜻을 나타낸다.

辶부의 7획 총 11획

필순 通通通通通通通通通通通

▶ 올바른 필순에 따라 써 보세요.

通 통할 통	マ	マ	マ	ヲ	甬	甬	甬	甬
甬	甬	通						

▶ 通이 쓰인 낱말.

통과(通過) - 일정한 장소 등을 지나가거나 지나옴.

통용(通用) - 사람들에게 널리 통하여 쓰임.

• 다른 낱말 써 보기

▶ 通이 쓰인 낱말을 써 보세요.

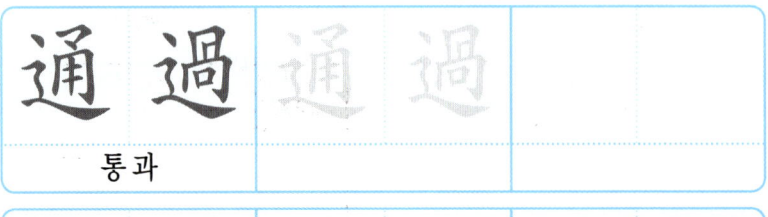

통과

통용

▶ 通이 『마법천자문』의 어떤 장면에서 사용되었는지 기억해 보세요.

28

한자능력검정시험급수 6급

畵

그림 **화**

붓을 손에 들고〔聿〕 종이 위〔一〕에 도형〔田〕을 그리는 모습을 본떠서 만든 글자로, '그리다'의 뜻을 나타낸다.

田부의 7획 총 12획

필순 畵畵畵畵畵畵畵畵畵畵畵畵

▶ 올바른 필순에 따라 써 보세요.

畵	ㄱ	ㅋ	ㅋ	ㅋ	聿	畫	聿	書
그림 화								
書	書	畫	畵					

▶ 畵가 쓰인 낱말.

　화가(畵家) – 그림 그리는 것을 직업으로 하는 사람.

　유화(油畵) – 기름에 녹인 물감으로 그리는 그림.

• 다른 낱말 써 보기

▶ 畵가 쓰인 낱말을 써 보세요.

畵	家	畵	家	
	화 가			

油	畵	油	畵	
	유 화			

한자는 내게 맡겨!

▶ 畵가 『마법천자문』의 어떤 장면에서 사용되었는지 기억해 보세요.

★ 만화 속에 숨어 있는 한자를 찾아보세요.

주간평가 2

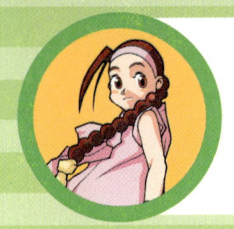

1. 관계 있는 것끼리 이으세요.

- 음 -	- 한자 -	- 뜻 -
철	太	믿을
신	鐵	쇠
태	解	클
해	信	풀

2. 한자와 음이 바르게 짝지어진 것을 골라 '○' 표 해 보세요.

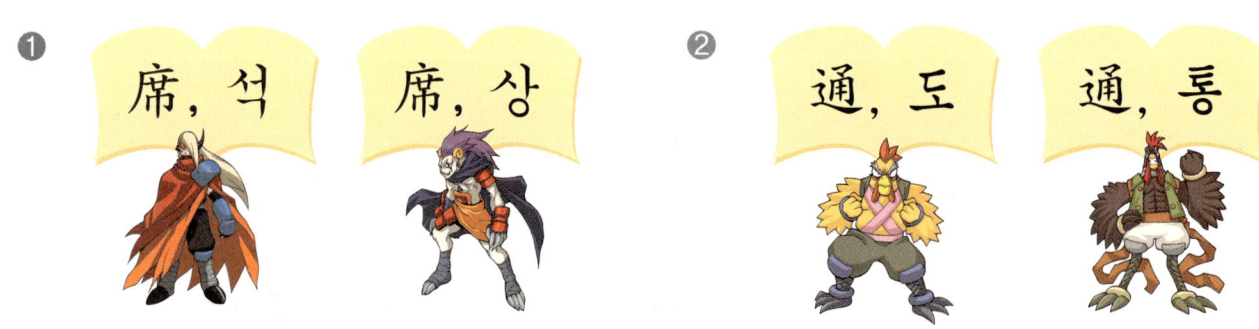

❶ 席, 석 席, 상

❷ 通, 도 通, 통

3. 빈 칸에 알맞은 한자, 뜻, 소리를 써 넣으세요.

席 — 자리 — 석 — ◯ — 자리 — ◯

坐 — 앉을 — 좌 — 坐 — ◯ — 좌

信 — 믿을 — 신 — ◯ — 믿을 — 신

起 — 일어날 — 기 — 起 — 일어날 — ◯

臥 — 누을 — 와 — ◯ — 누을 — ◯

鐵 — 쇠 — 철 — 鐵 — ◯ — 철

解 — 풀 — 해 — ◯ — 풀 — ◯

畫 — 그림 — 화 — 畫 — ◯ — 화

최종 형성평가

1. 다음 한자의 훈과 음을 쓰세요.

(1) 聽 (   )

(2) 隱 (   )

(3) 現 (   )

(4) 默 (   )

(5) 翼 (   )

(6) 探 (   )

(7) 固 (   )

(8) 壁 (   )

(9) 卵 (   )

(10) 鷄 (   )

(11) 席 (   )

(12) 坐 (   )

(13) 信 (   )

(14) 起 (   )

(15) 太 (   )

(16) 臥 (   )

(17) 鐵 (   )

(18) 解 (   )

(19) 通 (   )

(20) 畫 (   )

2. 다음 보기에서 괄호에 알맞은 단어를 찾아 써 보세요.

> **보기**
>
> 현금(現金), 경청(敬聽), 채집(探集), 신용(信用), 통과(通過), 방석(方席), 화가(畫家)

(1) 선생님의 말씀을 (   )했더니 수업 시간이 더욱 재미있어졌습니다.

(2) 신용 카드를 쓸 수 없는 곳에서 물건을 사려면 꼭 (   )이 필요합니다.

(3) 여름 방학 때에는 곤충 (   )을 하러 시골에 내려갈 생각입니다.

(4) 딱딱한 바닥에 앉을 때에는 (   )을 깔고 앉으면 편합니다.

(5) (   ) 없는 사람이 되지 않으려면, 거짓말을 하지 말아야 합니다.

(6) 나는 멋진 그림을 그리는 훌륭한 (   )가 되고 싶습니다.

(7) 이번 시험에 (   )하면, 어머니께서 외식을 시켜 준다고 하셨습니다.

3. 다음 한자어의 뜻을 쓰세요.

(1) 隱退(은퇴) : _____

(2) 固定(고정) : _____

(3) 合席(합석) : _____

(4) 起床(기상) : _____

(5) 解決(해결) : _____

4. 다음 밑줄 그은 단어를 한자로 쓰세요.

(1) 아침마다 암탉이 낳은 <u>계란</u>으로 계란 부침을 해서 먹습니다.
  (   )

(2) 예상보다 강연회에 사람들이 많이 몰려들어서 <u>좌석</u>이 모자랐
  습니다.   (   )

5. 빈칸에 들어갈 한자를 찾아보세요.

(1) 群(   )一鶴   (2) (   )家

① 四   ② 鷄   ③ 豚   ① 畫   ② 角   ③ 耳

 답안지

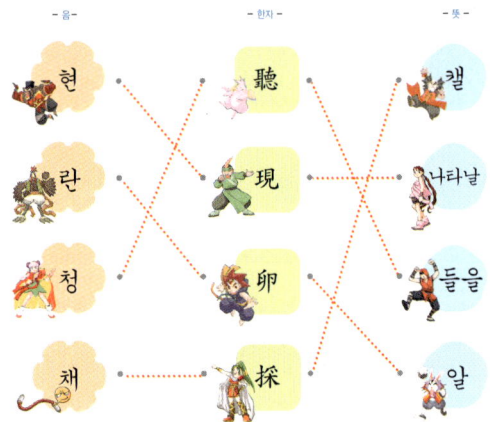 중간평가 1 16, 17

1. 관계 있는 것끼리 이으세요.

- 음 -   - 한자 -   - 뜻 -

현 — 現
란 — 卵
청 — 聽
채 — 採

캘
나타날
들을
알

2. 한자와 음이 바르게 짝지어진 것을 골라 'O'표 해 보세요.

① (固, 고) 固, 공
② (鷄, 계) 鷄, 개

3. 빈 칸에 알맞은 한자, 뜻, 소리를 써 넣으세요.

聽 들을 청   聽 들을 청
隱 숨을 은   隱 숨을 은
現 나타날 현   現 나타날 현
默 묵묵할 묵   默 묵묵할 묵
採 캘 채   採 캘 채
固 굳을 고   固 굳을 고
壁 벽 벽   壁 벽 벽
卵 알 란   卵 알 란

 중간평가 2 32, 33

1. 관계 있는 것끼리 이으세요.

- 음 -   - 한자 -   - 뜻 -

철 — 太
신 — 鐵
태 — 解
해 — 信

믿을
쇠
클
풀

2. 한자와 음이 바르게 짝지어진 것을 골라 'O'표 해 보세요.

① (席, 석) 席, 상
② 通, 도 (通, 통)

3. 빈 칸에 알맞은 한자, 뜻, 소리를 써 넣으세요.

席 자리 석   席 자리 석
坐 앉을 좌   坐 앉을 좌
信 믿을 신   信 믿을 신
起 일어날 기   起 일어날 기
臥 누울 와   臥 누울 와
鐵 쇠 철   鐵 쇠 철
解 풀 해   解 풀 해
畫 그림 화   畫 그림 화

최종 형성평가 34, 35

1. (1) 들을 청 (2) 숨을 은 (3) 나타날 현 (4) 묵묵할 묵
(5) 날개 익 (6) 캘 채 (7) 굳을 고 (8) 벽 벽 (9) 알 란
(10) 닭 계 (11) 자리 석 (12) 앉을 좌 (13) 믿을 신 (14) 일어
날 기 (15) 클 태 (16) 누울 와 (17) 쇠 철 (18) 풀 해 (19)
통할 통 (20) 그림 화

2. (1) 경청(敬聽) (2) 현금(現金) (3) 채집(採集) (4) 방석
(方席) (5) 신용(信用) (6) 화가(畫家) (7) 통과(通過)

3. (1) 사회 활동을 그만 둠.
(2) 한곳에 자리잡아 움직이지 않음.
(3) 한 자리에 같이 앉음.
(4) 잠자리에서 일어남.
(5) 얽힌 일을 풀어서 처리함.

4. (1) 鷄卵 (2) 坐席

5. (1) ② (2) ①

36